CATALOGUE

DE

TABLEAUX ANCIENS

Des diverses Écoles

DESSINS ET AQUARELLES

COMPOSANT EN PARTIE

La Collection de M. S.

DONT LA VENTE AURA LIEU

HOTEL DROUOT, SALLE N° 5

Le Mercredi 7 Avril 1886

A DEUX HEURES

Me DELESTRE	M. B. LASQUIN
COMMISSAIRE-PRISEUR	EXPERT
27, rue Drouot, 27	12, rue Laffitte, 12

Chez lesquels se distribue le présent Catalogue.

EXPOSITION PUBLIQUE

Le Mardi 6 Avril 1886, de 1 h. à 5 h.

CONDITIONS DE LA VENTE

Elle sera faite au comptant.

Les adjudicataires payeront *cinq pour cent* en sus des enchères.

Paris. — Imprimerie de l'Art. E. Ménard et J. Augry
41, rue de la Victoire.

7 Avril 1886.

VENTE DU MERCREDI 7 AVRIL 1886

HOTEL DROUOT, SALLE N° 5

TABLEAUX ANCIENS

DESSINS & AQUARELLES

COMPOSANT EN PARTIE

LA COLLECTION DE M. S...

EXPOSITION PUBLIQUE

LE MARDI 6 AVRIL 1886

COMMISSAIRE-PRISEUR

Me DELESTRE

27, rue Drouot, 27

EXPERT

M. B. LASQUIN

12, rue Laffitte, 12

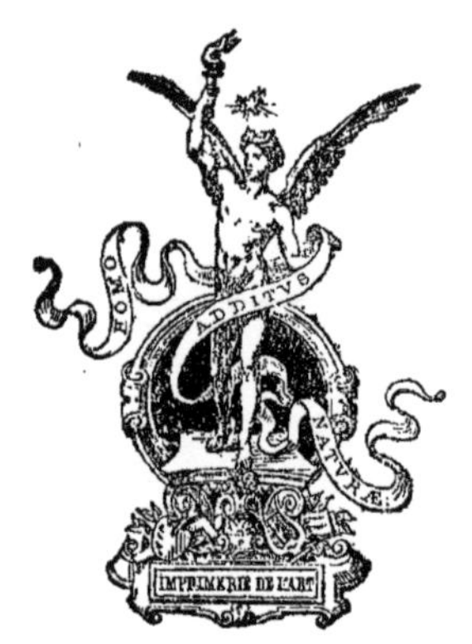
HOMO ADDITVS NATVRÆ
IMPRIMERIE DE L'ART

DÉSIGNATION

TABLEAUX

ARTOIS (VAN) ET TÉNIERS

1 — *Paysage avec figures.*

Trois villageois sont au bord d'une rivière, dont l'autre rive est plantée d'arbres.

Toile. Haut., 27 cent.; larg., 40 cent.

ARTOIS

(G. VAN)

2 — *Paysage.*

Il est traversé par une rivière coulant près d'un bois, à droite.

Bois. Haut., 26 cent.; larg., 35 cent.

BEGA

(ABRAHAM)

3 — *La Terrasse d'un parc.*

Près d'une terrasse ornée d'un vase sculpté et au long de laquelle grimpent des chardons et des roses trémières, un bouc se montre à droite, ainsi que deux lapins qui broutent des feuilles.

Bon tableau décoratif.

Toile. Haut., 1 m. 35 cent.; larg., 1 m. 39 cent.

BEGA

(Attribué à C.)

4 — *Le Fumeur.*

Bois. Haut., 17 cent.; larg., 14 cent.

BEERSTRAATEN

(A.)

5 — *Patineurs.*

Une foule de patineurs, gens de qualité et gens du peuple, se divertissent sur un canal glacé; de l'autre côté du canal, une église bâtie en briques, et, au delà, les maisons de la ville.

Important tableau signé au bas, à droite.

Toile. Haut., 90 cent.; larg., 1 m. 22 cent.

BOTH

(Attribué à)

6 — *Paysans et bestiaux dans des ruines.*

Plusieurs pâtres, hommes et femmes, dont une montée sur un baudet, sont arrêtés sous les arcades d'un aqueduc en ruines; près d'eux, leurs bestiaux : vaches, chèvres et moutons.

Toile. Haut., 58 cent.; larg., 47 cent.

BOUCHER

(Genre de)

7 — *Deux Amours.*

Toile. Haut., 16 cent.; larg., 20 cent.

BOUT ET BOUDEWYNS

8 — *Un Convoi en marche.*

Une longue file de chariots suivent une route descendant la pente d'une petite colline, au bas de laquelle coule une rivière; des soldats sont arrêtés à mi-côte.

Toile. Haut., 37 cent.; larg., 52 cent.

BREENBERGH

(B.)

9 — *Pâtres et bestiaux dans un paysage avec ruines.*

Bois. Haut., 35 cent.; larg., 47 cent.

BREKELENKAMP

10 — *Le Mangeur de harengs.*

Il est assis près de l'âtre et devant un tabouret, sur lequel est posée une jatte; il épluche un hareng saur en regardant le spectateur.

Monogramme sur le dossier de la chaise.

Bois. Haut., 34 cent.; larg., 28 cent.

BREUGHEL

(dit de VELOURS)

11 — *Paysage boisé avec rivière.*

Un chemin, passant sur un petit pont, conduit vers des habitations à demi cachées sous des grands arbres.

Un villageois et deux chevaux sont arrêtés sur le chemin; plus loin, une femme en robe rouge.

Bois. Haut., 31 cent.; larg., 45 cent.

BREUGHEL

12 — *Le Sac d'un village.*

Des villageois effrayés fuient devant des soldats attaquant un village; la route est encombrée de chariots, au bord d'un cours d'eau.

Bois. Haut., 34 cent.; larg., 45 cent.

BRIL

(PAUL)

13 — *Paysage accidenté.*

A droite, au premier plan, deux paysans sont assis sous deux grands arbres.

Bois. Haut., 19 cent.; larg., 15 cent.

CHAMPAGNE

(École de Ph. de)

14 — *Portrait de Blaise Pascal.*

Toile. Haut., 41 cent.; larg., 33 cent.

COYPEL

15 — *Allégorie de la paix : figure d'Amour.*

Toile. Haut., 62 cent.; larg., 46 cent.

CUYP

(BENJAMIN)

16 — *Pâtres et bestiaux dans un paysage ; soleil couchant.*

Toile. Haut., 88 cent.; larg., 1 m. 28 cent.

CUYP

(Attribué à G.)

17 — *Fruits.*

Des poires, des pommes et des prunes remplissent à demi une coupe en faïence de Delft et se répandent sur une table. A gauche, un panier de groseilles et, à droite, une autre coupe remplie de fraises.

Bois. Haut., 48 cent.; larg., 73 cent.

DREUX-DORCY

18 — *Jeune fille en buste.*

Toile. Haut., 39 cent.; larg., 31 cent.

DROUAIS

(Genre de)

19 — *Portrait de femme et portrait d'homme en buste, forme ovale.*

Haut., 59 cent.: larg., 48 cent.

EISEN

(Père)

20 — *Buveur.*

Un artiste, dans un atelier et tenant sa palette, vide un verre de vin; près de lui, une bouteille, posée sur une table.

Bois. Haut., 16 cent.; larg., 13 cent.

FERGUSON

21 — *Gibier.*

Toile. Haut., 75 cent.; larg.. 62 cent.

FRANCK

(P.)

22 — *Le Festin de Balthazar.*

Dans une vaste salle aux murs couverts de riches tentures, un grand nombre de personnages sont assis autour de deux grandes tables richement servies.

Au premier plan, un dressoir chargé d'orfèvrerie, et de nombreux serviteurs apportant des mets.

Bois. Haut. 70 cent.; larg., 1 mètre.

FRANCK

23 — *Le Christ apparaissant à Madeleine en jardinier.*

Cuivre. Haut., 22 cent.; larg., 17 cent.

GELLIG

(J.)

24 — *Poissons.*

Divers poissons sont jetés près d'un panier rempli d'huîtres et de crabes.

Toile. Haut., 70 cent.; larg., 86 cent.

GOYA

(Genre de)

25 — *Une Émeute à Madrid.*

Esquisse sur carton.

Haut., 49 cent.; larg., 34 cent.

GOYEN

(Attribué à J. VAN)

26 — *Vue de ville.*

Elle est située sur une petite éminence; au delà s'étend une vaste plaine.

Au premier plan, des villageois sont assis par terre, d'autres suivent un chemin conduisant à la ville.

Bois. Haut., 34 cent.; larg., 48 cent.

HUYSMANS

(DE MALINES)

27 — *Paysage.*

Des paysans sont à l'entrée d'un bois, dans un chemin creux, à droite; près de là, coule une rivière bordée sur l'autre rive par les ruines d'un château au pied d'une montagne; des villageois sont arrêtés près d'un bac.

Collection Du Bus de Gisignies.

Toile. Haut., 55 cent.; larg., 80 cent.

HUYSMANS

(DE MALINES)

28 — *L'Abreuvoir.*

Un pâtre et une bergère ont amené trois vaches s'abreuver à un cours d'eau coulant au fond d'un site accidenté. Au premier plan, trois baigneuses sur le bord du ruisseau.

Plus haut, sur la colline, plusieurs maisons dominées par un bois touffu.

Collection Héris.

Toile. Haut., 58 cent.; larg., 80 cent.

HUYSMANS

(DE MALINES)

29 — *Paysage.*

Des villageois et des colporteurs suivent un chemin conduisant près d'un cours d'eau.

A gauche, un bouquet de grands arbres plantés sur un monticule.

Fond de montagnes, dorées par un rayon de lumière.

Toile. Haut., 23 cent ; larg., 31 cent.

HONTHORST

(GÉRARD)

30 — *Le Duo.*

Toile. Haut., 83 cent.; larg., 83 cent.

HOREMANS

(J.)

31 — *La Collation.*

Dans un intérieur hollandais, trois couples sont réunis autour d'une table, sur laquelle sont posés des verres, des bouteilles et des gâteaux.

Une servante apporte des fruits sur un plateau.

Signé à gauche, daté 1755.

Toile. Haut., 78 cent.; larg., 63 cent.

JONGKIND

32 — *Clair de lune.*

Toile. Haut., 32 cent.; larg., 40 cent.

KESSEL

(JEAN VAN)

33 — *Volatiles dans une basse-cour.*

Toile. Haut., 46 cent.; larg , 65 cent.

KESSEL

(JEAN VAN)

34 — *Poissons et coquillages.*

Petit tableau d'un ton argenté. Signé.

Bois. Haut., 17 cent.; larg., 24 cent.

KNELLER

35 — *Portrait de femme.*

En buste, presque de face, en corsage mauve recouvert d'un manteau jaune.

Toile. Haut., 74 cent.; larg., 61 cent.

KONINCK

(P.)

36 — *Joueurs de cartes au cabaret.*

Cinq paysans sont autour d'une table improvisée sur un tonneau; l'un des joueurs abat ses cartes devant son adversaire, à la mine déconfite.

A gauche, une vieille femme appuyée sur une porte; au fond, à droite, une autre femme, un marmot et un paysan devant l'âtre.

Bon tableau. Signé et daté 1656.

Toile. Haut., 53 cent.; larg., 68 cent.

LACROIX

37 — *Les Naufragés*

Un navire est venu se briser contre des rochers à l'entrée d'un port; trois matelots secourent une femme sur la rive, au premier plan.

A droite, une barque, un navire en mer.

Toile. Haut., 31 cent.; larg., 40 cent.

LANCRET

(Genre de)

38 — *Le Galant Berger.*

Bois. Haut., 24 cent.; larg., 18 cent.

LE MOINE

39 — *Sujet mythologique.*

Toile. Haut., 45 cent.; larg., 60 cent.

LE GUASPRE POUSSIN

40 — *Paysage historique.*

Forme ronde.

LUCAS

41 — *La Châtelaine au faucon.*

Toile. Haut., 60 cent.; larg., 48 cent.

MIEREVELT

42 — *Portrait d'homme et portrait de femme, en buste.*

L'homme, presque de face, regarde le spectateur, tête nue, portant la moustache et la barbiche blonde, vêtu d'un pourpoint noir recouvert d'une collerette de guipure.

La femme, également vue de face, est en corsage noir orné de broderies et d'un bijou; une large collerette de dentelle recouvre ses épaules, et elle porte un collier de trois rangs de perles.

Bois. Haut., 64 cent.; larg., 49 cent.

MIGNARD

(Attribué à)

43 — *Portrait de femme.*

De trois quarts, tournée vers la gauche; chevelure relevée, ornée de perles, avec natte retombant sur l'épaule gauche.

Corsage rouge décolleté, brodé d'or; manteau de soie blanche.

Toile. Haut., 62 cent.; larg., 55 cent.

MOLENAER

(NICOLAS)

44 — *Les Blanchisseries.*

Devant un groupe de maisons ombragées par de grands arbres, des villageois étendent, sur l'herbe, des pièces de toile.

Bois. Haut., 43 cent.; larg., 61 cent.

MONNOYER

(BAPTISTE)

45 — *Fleurs et fruits.*

Un vase de fleurs, une coupe en argent remplie de pommes, de poires et de raisins, deux gros coings et d'autres fruits, une guitare et des livres épars sont posés près d'une terrasse.

Toile. Haut., 90 cent.; larg., 1 m. 24 cent.

MOREELS

46 — *Portrait de femme.*

En buste, presque de face, en corsage noir brodé, avec manches à crevés; fichu et collerette de guipure, le cou orné d'un collier de trois rangs de perles.

Bon portrait.

Bois. Haut., 67 cent.; larg., 55 cent.

MURILLO

(D'après)

47 — *Deux Enfants mangeant des fruits.*

Deux tableaux, dont les originaux se trouvent au Musée de Munich.

MURILLO

(D'après)

48 — *Le Mangeur de melons.*

MUSSCHER

49 — *Portrait d'un officier.*

Représenté à mi-jambes, de face, revêtu de la cuirasse et d'un uniforme brodé, la main droite appuyée sur un casque; il porte une longue chevelure retombant sur ses épaules.

Toile. Haut., 55 cent.; larg., 48 cent.

NATTIER

(Attribué à)

50 — *Léda, Jupiter et l'Amour.*

Toile. Haut., 43 cent.; larg., 60 cent.

NATTIER

(Genre de)

51 — *Portraits d'un roi et d'une reine de Danemark.*

NEEFS

(PEETER)

52 — *Intérieur d'église.*

Gouache sur vélin.

Haut., 26 cent.; larg., 36 cent.

NEER

(A. VAN DER)

53 — *Clair de lune.*

La lune, entourée de nuages, se reflète dans une rivière venant baigner le premier plan. Au bord de l'eau, sur un chemin, deux promeneurs; à droite, des maisons à demi cachées par des grands arbres; à gauche, on aperçoit des hommes dans une barque, et, plus loin, à gauche d'un pont, le clocher d'une église.

Bon tableau.

Toile. Haut., 46 cent.; larg., 71 cent.

NETSCHER

(CONSTANTIN)

54 — *Portrait de femme.*

Une jeune châtelaine est représentée assise dans un parc, le bras gauche accoudé sur une balustrade surmontée d'un vase sculpté. Elle tient deux roses de la main droite, regarde de face; chevelure poudrée retombant en boucles sur ses épaules, vêtue d'une robe de velours rouge à corsage décolleté, recouverte d'un manteau bleu.

Toile. Haut., 52 cent.; larg., 43 cent.

NYMEGEN

(GÉRARD VAN)

55 — *Paysage.*

Dans un site accidenté, un moulin est alimenté par un torrent qui retombe en cascade.

Un pâtre et ses bestiaux traversent une passerelle jetée sur le torrent et aboutissant près d'un grand chêne.

Signé à gauche.

Bois. Haut., 57 cent.; larg., 45 cent.

POL

(VAN)

56 — *Corbeille de fruits et de fleurs.*

Pêches, prunes, raisins, cerises, épi de maïs, rose, tulipe et marguerites dans une corbeille d'osier, sur une table de marbre.

Toile. Haut., 50 cent.; larg., 39 cent.

PERREDA

57 — *Fruits.*

Des pêches, des poires, des raisins, des figues, des aubergines, etc., sont entassés sur une console, près d'un melon coupé en deux et un plateau d'argent contenant des quartiers d'oranges.

Toile. Haut., 71 cent.; larg., 70 cent.

PORBUS

58 — *Portrait de femme.*

En buste, de face, coiffure relevée, à nœuds de rubans rouges, collerette de dentelle, et parure de perles autour du cou.

Bois. Haut., 25 cent.; larg., 21 cent.

ROMBOUTS

(TH.)

59 — *Le Joueur de violon.*

De trois quarts tourné vers la droite, il est coiffé d'une toque ornée de plumes et vêtu d'une veste garnie de brandebourgs.

Devant lui, un verre à pied posé sur une table.

Bois. Haut., 70 cent.; larg., 55 cent.

SAFTLEVEN

(H.)

60 — *Paysage avec rivière.*

Une rivière coule au pied d'une colline d'une vaste étendue et vient aboutir au premier plan occupé par des bateliers, un cavalier, une barque au milieu de l'eau et des baigneurs.

Un pont de pierre à plusieurs arches donne accès sur l'autre rive où se voient une grosse tour et des bâtiments d'une ferme.

Bon tableau, d'un ton chaud et animé de petites figures, d'une touche spirituelle.

Cadre sculpté.

Bois. Haut., 20 cent.; larg., 29 cent.

SEGHERS

(D.)

61 — *Guirlande de fleurs.*

Sur un cartouche de pierre sculptée.

Toile. Haut., 63 cent.; larg., 67 cent.

SON

(JEAN VAN)

62 — *Fruits.*

Groupe de raisins, de pêches, d'oranges, de cerises et de fraises.

Toile. Haut., 45 cent.; larg., 39 cent.

UDEN

(VAN)

63 — *Paysage accidenté.*

Des fabriques sont situées sur un rocher au bas duquel coule une rivière.

Ciel orageux.

Bois. Haut., 23 cent.; larg., 31 cent.

VECCHIA

(PIERO DELLA)

64 — *Un Lansquenet.*

Bois. Haut., 43 cent.; larg., 32 cent.

VERNET

(JOSEPH)

65 — *Entrée de port.*

Soleil couchant. Le port est situé au pied d'une montagne à l'embouchure d'une rivière; à gauche, sur un escarpement de rochers, quatre marins amarrent une barque.

Toile. Haut., 58 cent.; larg., 96 cent.

VOS

(SIMON DE)

66 — *L'Ivresse de Silène.*

Silène, couronné de pampres, un manteau rouge jeté sur les épaules, est assis près d'une table chargée de mets, huîtres, homards, etc. Il tend une coupe à un faune.

Autour de la table trois couples galants, dont une jeune femme jouant de la mandoline.

A gauche, une lionne couchée allaite ses petits.

Toile. Haut., 65 cent.; larg., 81 cent.

WERFF

(ADRIEN VAN DER)

67 — *Portrait d'un gentilhomme.*

Représenté assis près d'une terrasse à l'intérieur d'un château.

Coiffé d'une grande perruque, le bras droit posé sur un guéridon et la main gauche appuyée sur la cuisse.

Il est enveloppé d'un manteau bleu brodé.

Toile. Haut., 51 cent.; larg., 43 cent.

WYCK

(TH.)

68 — *Savant dans son laboratoire.*

Il est assis près d'un bureau chargé de papiers et de bouquins, dans un cabinet éclairé par une fenêtre à gauche.
Bon tableau de l'artiste.

Bois. Haut., 38 cent.; larg., 33 cent.

ÉCOLE FRANÇAISE

(Époque Louis XVI.)

69 — *Deux Jeunes Femmes représentées dans un parc, faisant une offrande sur l'autel de l'Amitié.*

Toile. Haut., 1 mètre; larg., 80 cent.

ÉCOLE FRANÇAISE

70 — *Portrait de Henri IV, roi de France et de Navarre.*

Petite peinture sur bois.

Haut., 9 cent.; larg., 7 cent.

ÉCOLE HOLLANDAISE

71 — *Divertissements d'hiver.*

Sur une rivière glacée bordée de maisons; à gauche, quantité de patineurs et plusieurs traîneaux.

A gauche, des paysans font manger des chevaux.

Ce tableau porte une signature illisible.

Toile. Haut., 74 cent.; larg., 1 m. 9 cent.

ÉCOLE ITALIENNE

72 — *La Vierge et Jésus.*

Toile. Haut. 90 cent.; larg., 72 cent.

ÉCOLE MODERNE

73 — *Paysage ; canard sur une mare.*

AQUARELLES ET DESSINS

BRAZIER

(CAROLINE)

74 — *Bouquets de fleurs.*

Deux pendants.
Aquarelles.

CALLOT

75 — *Deux Spadassins.*

Sépia.

CARESME

(Attribué à)

76 — *Bacchanale.*

Jolie composition à la sanguine.

DREUX-DORCY

77 — *Buste de jeune fille.*

Pastel.

Haut., 43 cent.; larg., 36 cent.

GARDAME

78 — *Un Tambour; Un Chasseur à cheval; Un Hussard.*

Trois aquarelles.

GREUZE

79 — *Tête d'homme.*

Sanguine.

GOYA

(Attribué à)

80 — *Liseur.*

Dessin à l'encre de Chine.

HOUEL

(Attribué à)

81 — *Deux Charrettes attelées près d'une ferme.*

Dessin à la sanguine.

JACQUE

(CHARLES)

82 — *Le Repas des moissonneurs.*

Dessin à la plume.

JUNG

(TH.)

83 — *Manœuvres militaires.*

Aquarelle.

LE PRINCE

(J. B.)

84 — *Le Pont de pierre.*

Des bateliers déchargent leurs barques près d'un pont de pierre à plusieurs arches et défendu par une tour.

Aquarelle ovale.

LOO

(C. VAN)

85 — *La Peinture et l'Architecture.*

Deux compositions allégoriques sous des figures d'enfants.

Beaux dessins en couleurs provenant de la collection Marmontel.

NEDERVEEN

86 — *Portrait d'homme.*

Miniature.

NOVELLI

87 — *Étude de têtes.*

Dessin à la plume.

OSTADE

(D'après)

88 — *Tête de villageois.*

Aquarelle.

PICOU

89 — *Vénus et l'Amour.*

Dessin à la mine de plomb.

TENCEY

(O.)

90 — *La Gondole du Doge, à Venise.*

Aquarelle.

VASARI

(LAZZARO)

91 — *La Mise au tombeau.*

Dessin.

WULANT

(C.)

92 — *Paysage maritime.*

Aquarelle.

ÉCOLE FLAMANDE

93 — Trois gouaches.

Paysage et scènes villageoises.

ÉCOLE FRANÇAISE

94 — *Portrait d'homme en buste.*

Dessin au crayon noir et à la sanguine.

Au-dessous on lit : *Je seray toute ma vie le très affectionné serviteur de Messieurs De Roy et Bloemart,* J. Boucher.

ÉCOLE ITALIENNE

95 — *La Fuite en Égypte.*

Dessin à l'encre de Chine.

96 — *Les Forges de Vulcain.*

Dessin à l'encre de Chine.

97 — *Scène tirée de l'histoire d'Alexandre.*

Dessin à l'encre de Chine.

ÉCOLE MODERNE

98 — *Vue de Rouen.*

Aquarelle.

MINIATURE

99 — *La Mise au tombeau.*

Miniature du XVe siècle, sur vélin, provenant d'un livre d'heures.

GRAVURES

100 — *La Belle Jardinière.*

Gravure de Desnoyers, d'après Raphael.

101 — *La Bohémienne* et *les Musiciens.*

Deux jolies gravures avant la lettre, d'après Van Loo.

102 — *Scène de la Saint-Barthélemy.*

Par Prud'homme, d'après P. Delaroche.

103 — *Le Decamerone.*

Gravure de F. Girard, d'après Winterhalter.

104 — *Penserosa!*

Par F. Joubert, d'après Winterhalter.

105 — *La Vedova!*

Par Mandel, d'après Léopold Robert.

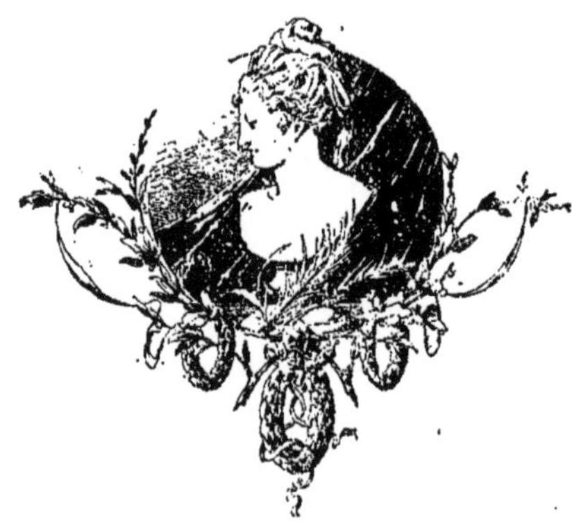

www.ingramcontent.com/pod-product-compliance
Ingram Content Group UK Ltd.
Pitfield, Milton Keynes, MK11 3LW, UK
UKHW022140260726
13993UKWH00005B/2050

9 782329 611600